PROLOGO

La corbata como la conocemos actualmente tiene sus orígenes en la segunda mitad del siglo XVII en Francia, gracias a los mercenarios croatas, ellos en sus trajes tradicionales usaban una tela de color blanco que llamaban HRVATSKA, la que se anudaba en forma de rosa y sus extremidades colgaban en sus pechos a los franceses les gustó mucho esta HRVATSKA quienes comenzaron a utilizarla a diario llamándola cravate.

Posteriormente a finales del mismo siglo los franceses comenzaron a anudar suavemente esta corbata a sus cuellos utilizando broches.

Durante la revolución francesa la corbata paso a ser un símbolo de estatus y poder político, en donde el revolucionario usaba corbatas de color negro mientras que los contrarrevolucionarios la usaban de color blanco.

En la época de Napoleón este llevaba siempre una corbata negra con bordes blanco, hasta que en la mañana del 18 de junio de 1815 decidió cambiarse de corbata, perdiendo ese día la batalla de Waterloo. A partir de este momento, el arte de anudarse al cuello un pedazo de tela se ha convertido en un signo elegante de vestir del hombre.

En la actualidad la corbata es utilizada para dar un toque de formalidad en distintos ámbitos, Por ejemplo, en los tribunales de justicia su uso es prácticamente obligatorio, en cambio, las empresas lideradas por jóvenes no utilizan este accesorio.

NUDO SIMPLE

      Este nudo también es conocido como nudo de cuatro vueltas y consiste en un nudo sencillo de hacer, estrecho y asimétrico, ideal para camisas con botones estándar, y se recomienda para corbatas anchas, acorde ´para eventos casuales

- Estética - ☆☆☆☆
- Dificultad - ☆☆☆

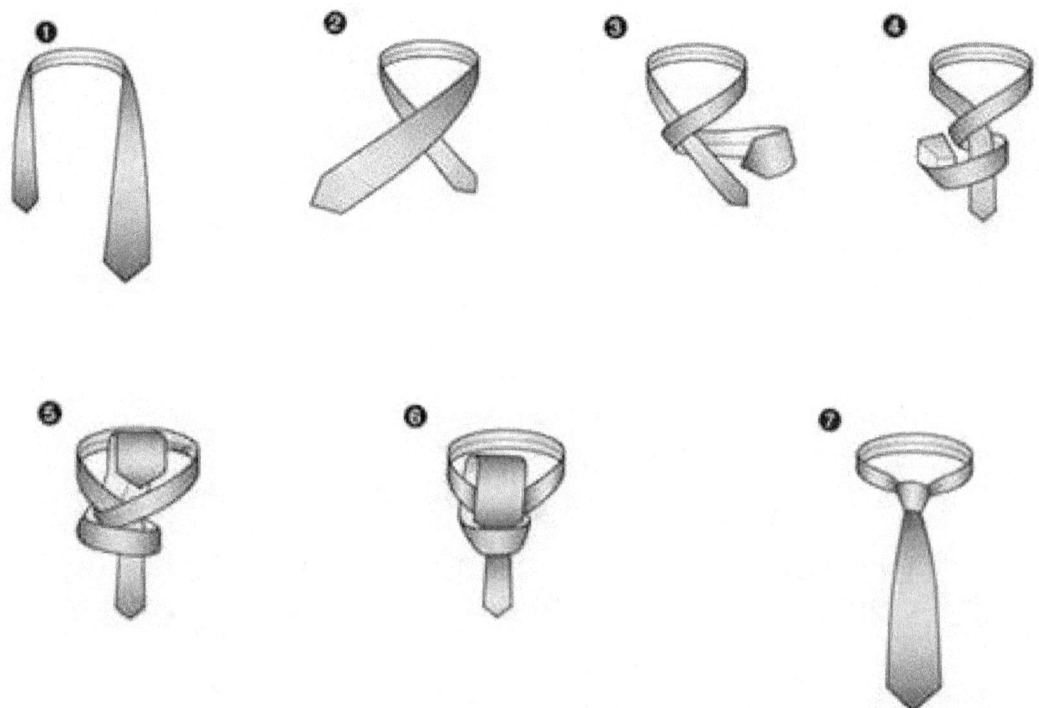

NUDO ELDREDGE

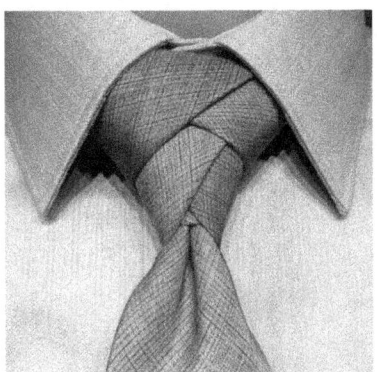

Este es un nudo único en su tipo. Para poder realizarlo, es necesario comenzar por la parte delgada de la corbata A diferencia de la gran mayoría de nudos de corbata, este nudo tiene una forma trenzada muy similar a una cola de pescado, es un nudo bastante elegante y que causara una gran impresión a todo aquel que lo vea

- Estética ☆☆☆☆☆
- Dificultad ☆☆☆☆

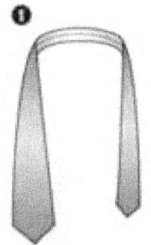  

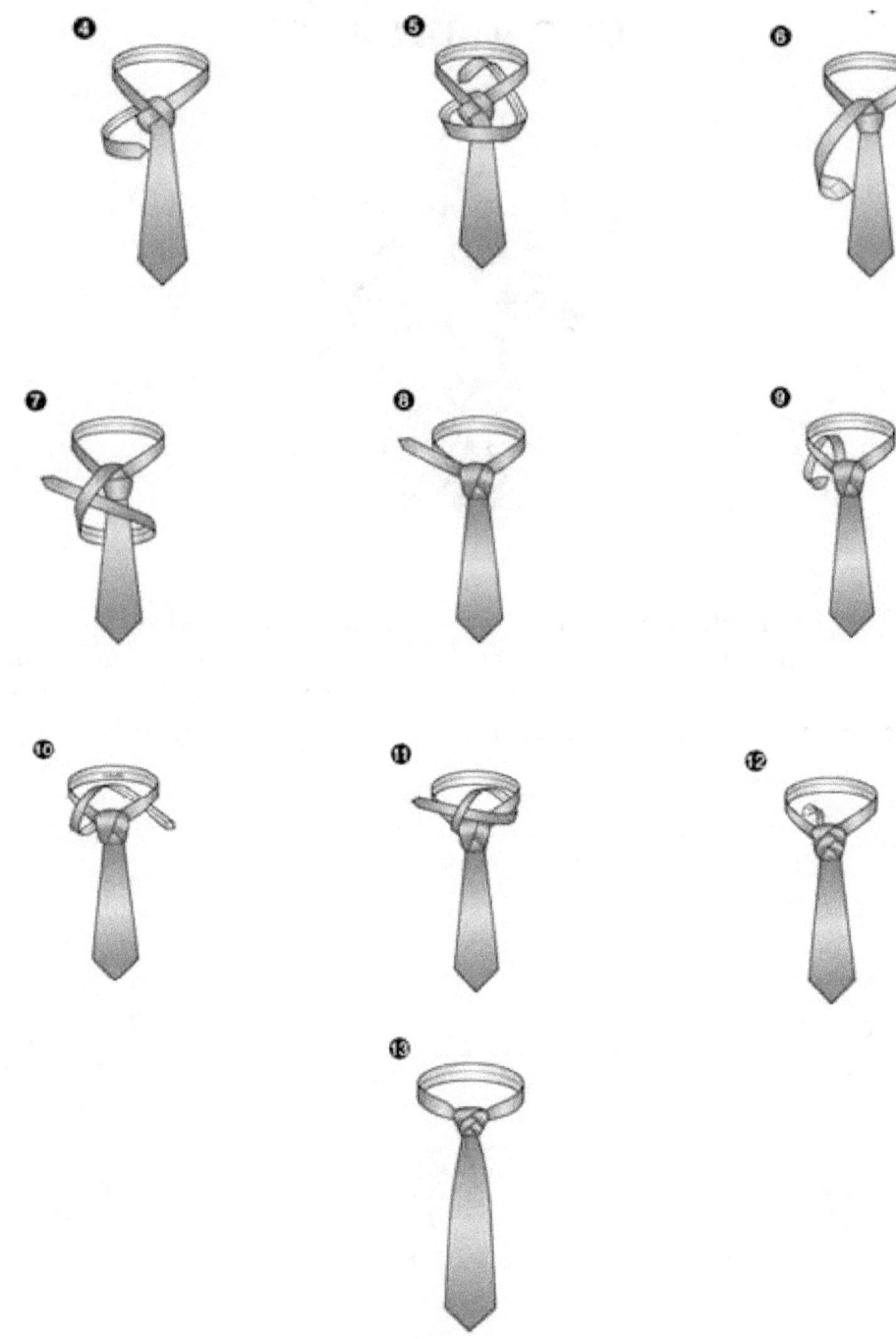

NUDO DE LA TRINIDAD

Como su nombre lo indica, este nudo tiene tres vías simétricas y le trae un aire a la Triquetra Celta. El diseño converge en un punto central, produciendo un efecto muy llamativo. Puede parecer complicado a primera vista, pero en realidad es bastante fácil de realizar.

- Estética - ☆☆☆☆
- Dificultad - ☆☆☆☆

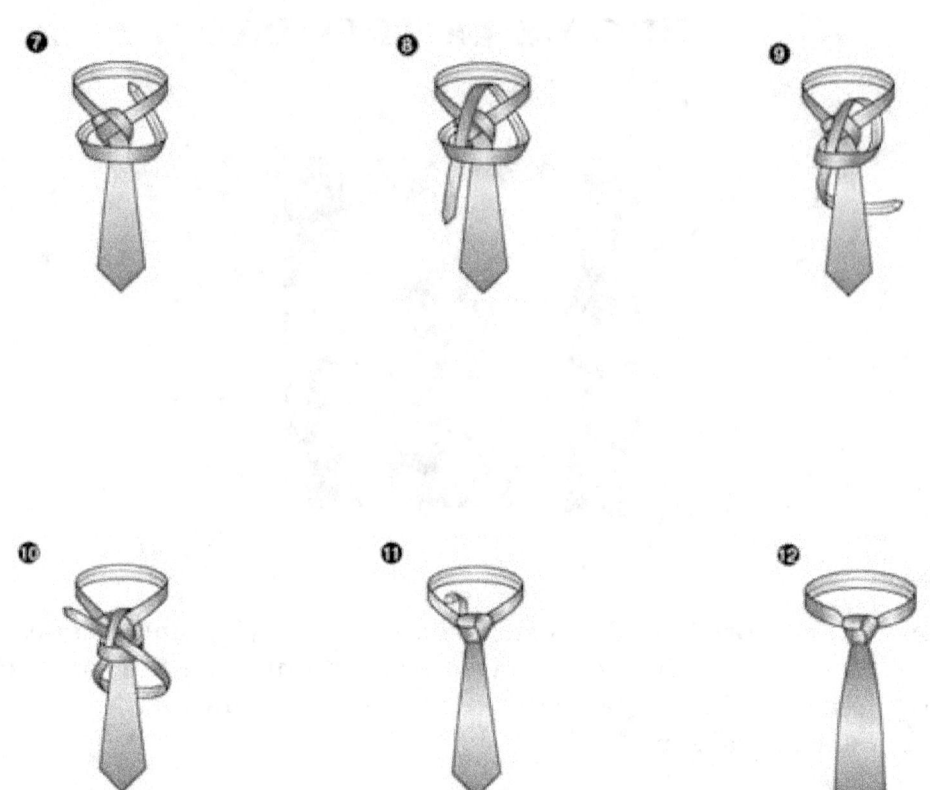

NUDO VAN WIJK

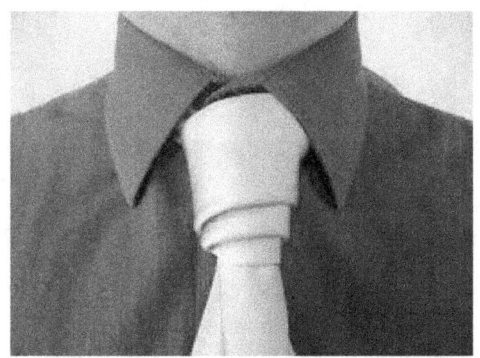

Este nudo produce un efecto abultado al mas propio estilo príncipe Alberto, al añadir una tercera vuelta al extremo estrecho de la corbata, este nudo alargado y estrecho crea un efecto cilíndrico estratificado muy llamativo e inconfundible. Un nudo muy moderno que queda mejor con colores claros. Es el más adecuado para camisas de cuello estrecho y a dúo con un chaleco.

- Estética - ☆☆☆☆☆
- Dificultad - ☆☆

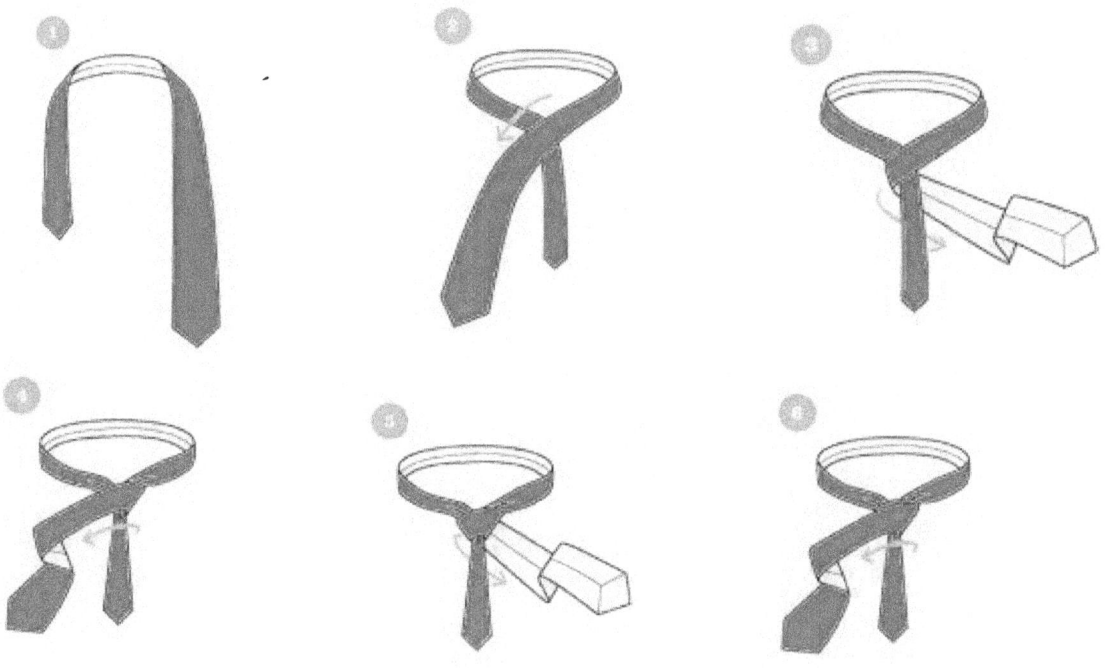

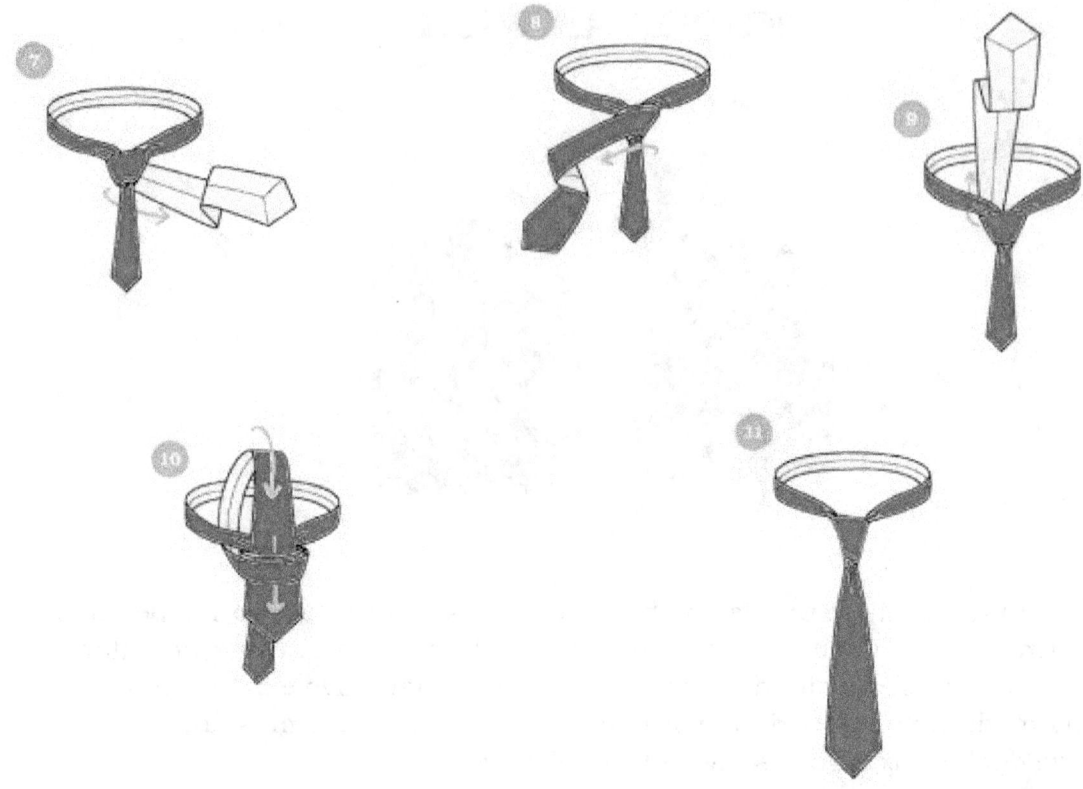

NUDO ESPINA DE PESCADO

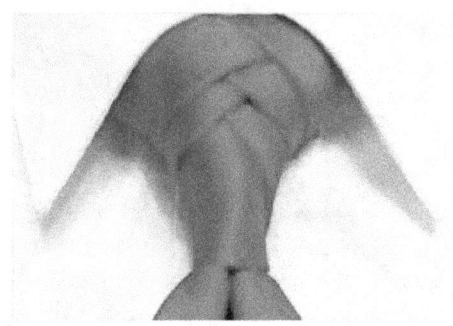

Este nudo es un poco complicado e hacer y requiere de un increíble trabajo artístico, como su nombre lo indica tiene forma de espina de pescado. Este nudo, destaca por su elegancia lo que hace que cada vez sea más considerado y causa grandes impresiones al espectador

- Estética - ☆☆☆☆
- Dificultad - ☆☆☆

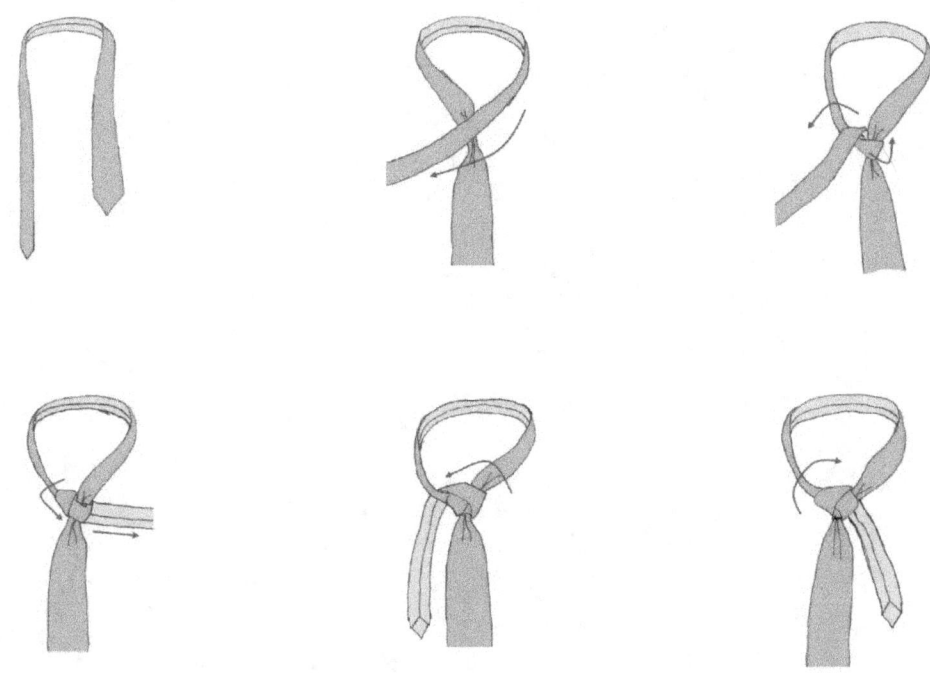

10

NUDO MEROVINGIO

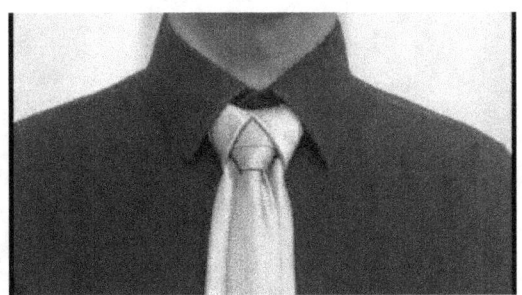

Este nudo es original y a los de los fanáticos de la película The matrix les encanta por el efecto que provoca de tener dos corbata, pero en realidad es solo una, este nudo se denomina el nudo Ediety,

- Estética - ☆☆☆☆
- Dificultad - ☆☆☆

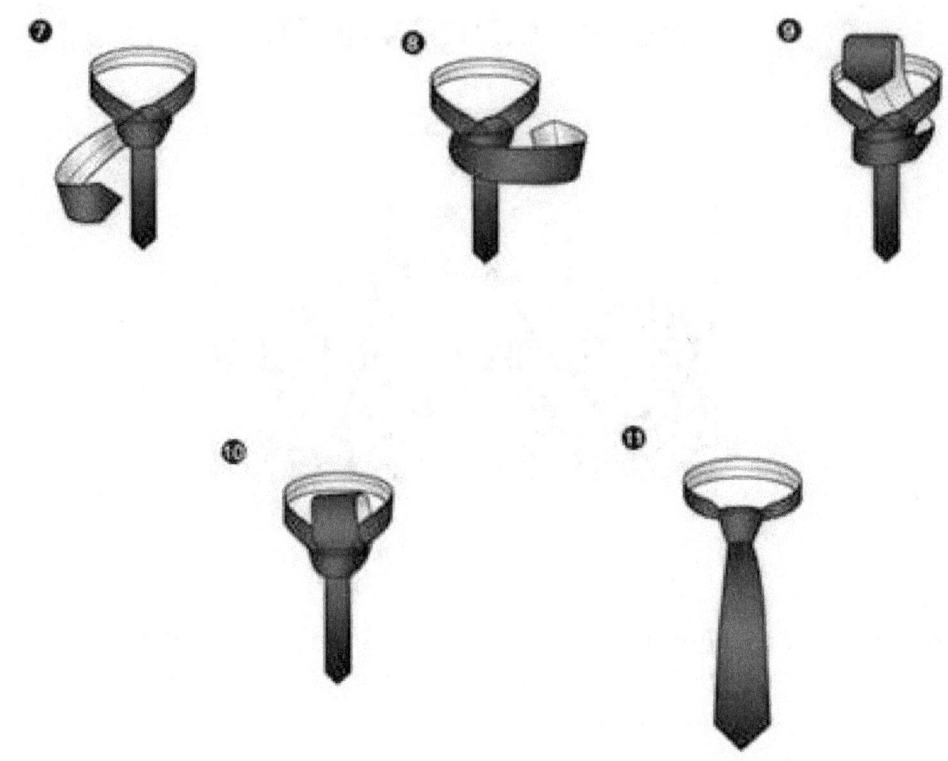

NUDO GRANTCHESTER

El siguiente nudo, es grande, grueso y asimétrico. Este nudo es una variante del nudo St, Andrew con un tamaño mayor. El secreto de este nudo es realizarlo idealmente con una corbata de seda o de algún tipo de tela suave al tacto., ya que de ser de otros materiales menos livianos dificulta su elaboración y provoca un efecto visual tosco.

- Estética - ☆☆☆☆
- Dificultad - ☆☆

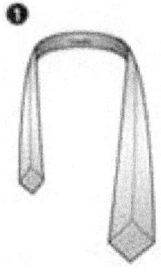
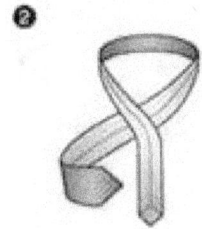
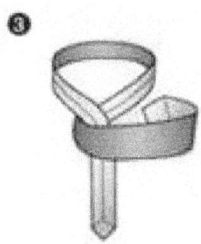

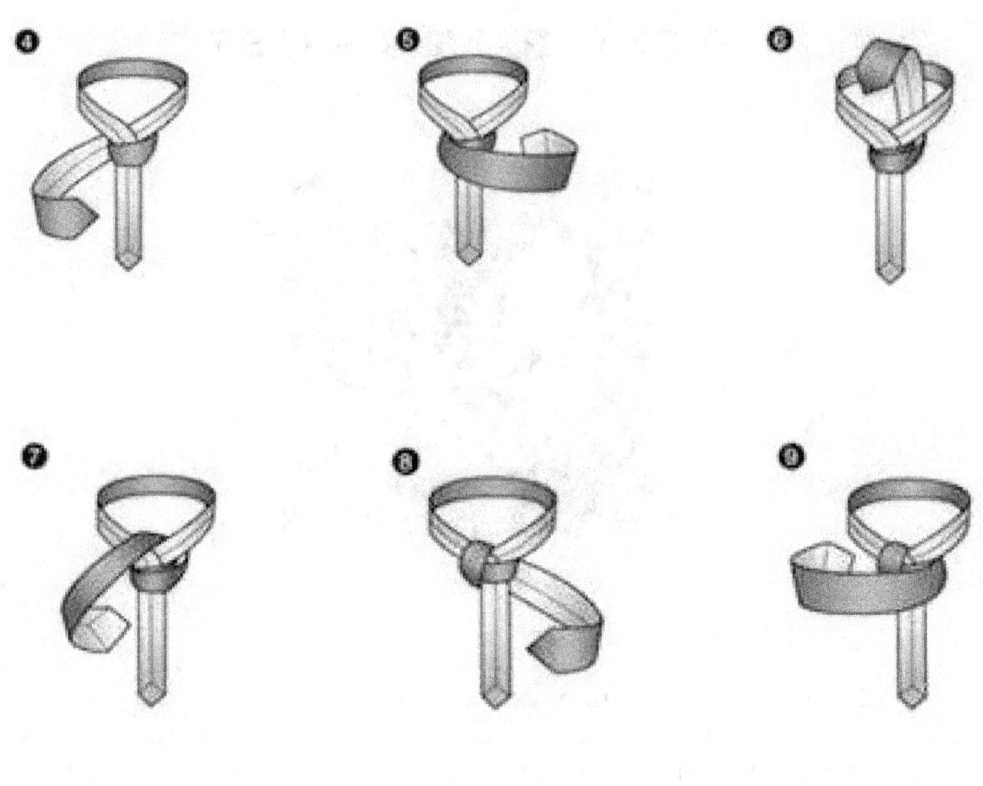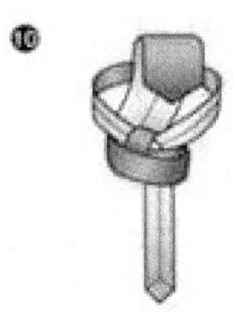

NUDO WINDSOR

Es un nudo que genera confianza, elegancia y prestancia para el mundo de los negocios, se caracteriza por ser un nudo grueso, ancho con forma triangular, se recomienda usar para cuellos abiertos

- Estética - ☆☆☆☆☆
- Dificultad - ☆☆☆

 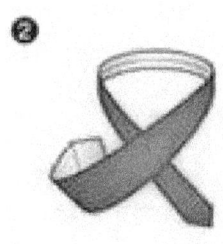 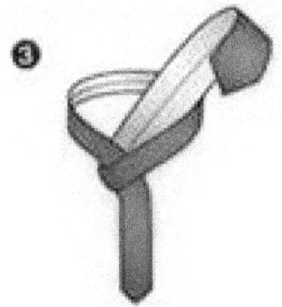

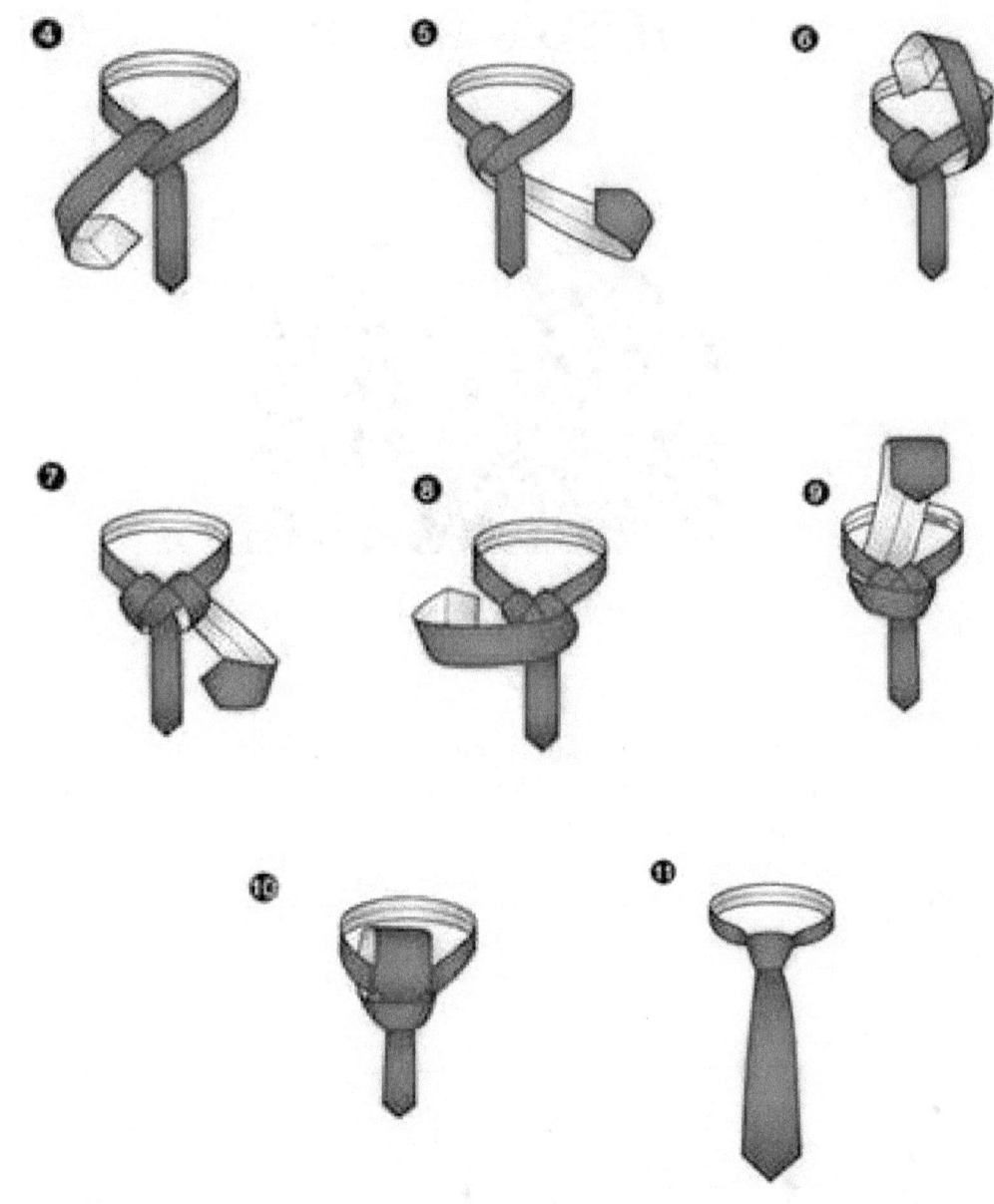

MEDIO NUDO WINDSOR

Es una variante del nudo de Windsor, es el nudo más común que se puede utilizar en distintos ambientes tales, como ir al trabajo de gerencia o actividades sociales con elegancia, si lo logras hacer bien te quedara de forma triangular y simétrico.

- Estética - ☆☆☆

- Dificultad - ☆☆☆

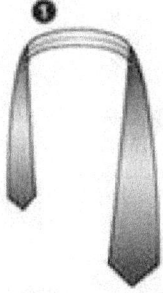  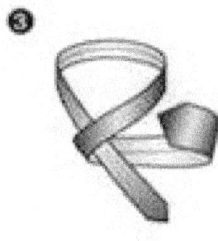

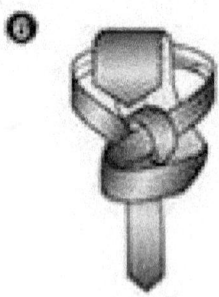

NUDO NICKY

Es una excelente alternativa al nudo pratt que requiere menos pasos, adecuado para aberturas de cuellos medios, se caracteriza por ser simétrico. Ideal para corbatas de telas más gruesas para tener aspecto menos abultados.

- Estética - ⭐⭐⭐☆
- Dificultad - ☆☆

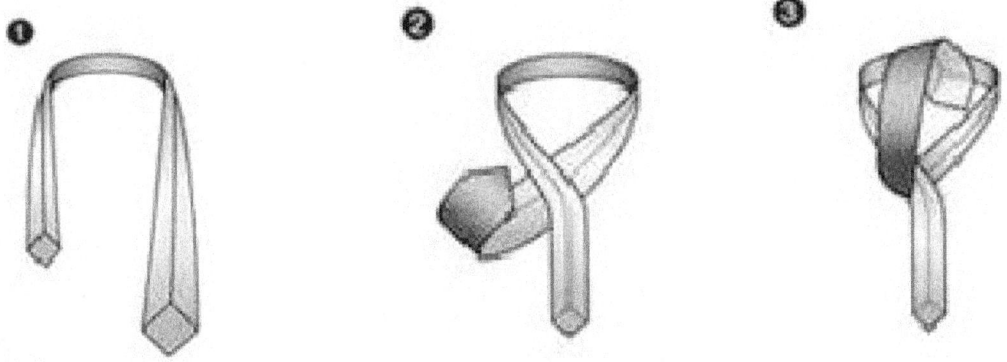

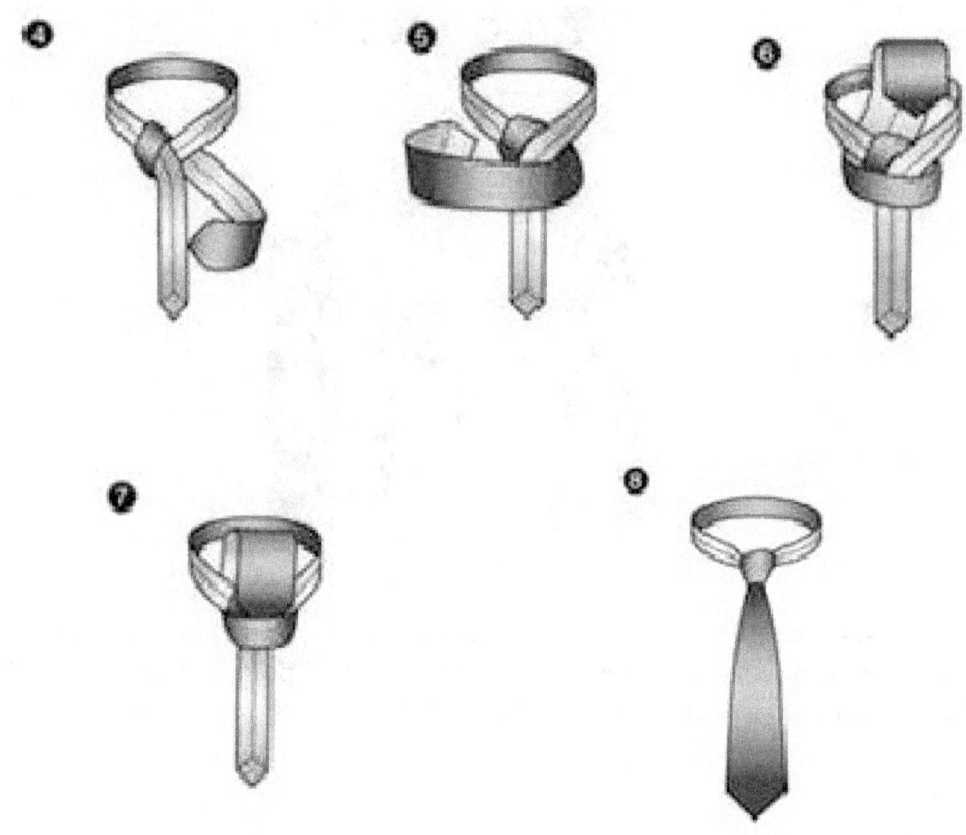

NUDO PLATTSBURGH

A diferencia del nudo St. Andrew que se caracteriza por ser simétrico que resalta por un amplio cono con abertura estrecha y elegante, ideal para cenas de negocios o jornadas de trabajo. Se recomienda utilizar con corbatas de puntos o tejidas.

- Estética - ☆☆☆☆☆
- Dificultad - ☆☆☆☆

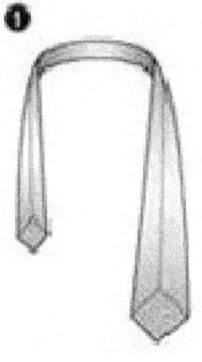
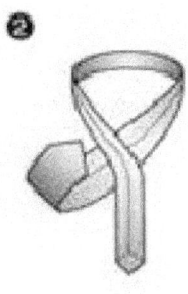

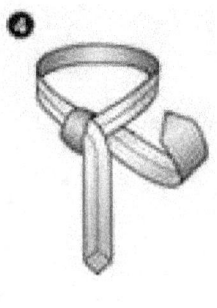  

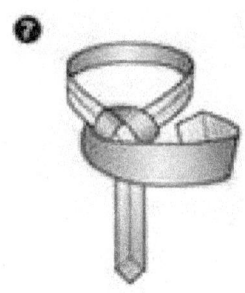 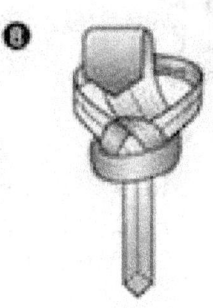 

NUDO BALTHUS

Es una excelente alternativa este nudo para ceremonias o eventos formales como por ejemplo matrimonios, se recomienda para corbatas de cachemir, para cuellos amplios de camisa y un casual chaleco. Lo ideal es que la corbata sea larga porque este nudo requiere más tela.

- Estética - ☆☆☆☆☆
- Dificultad - ☆☆☆

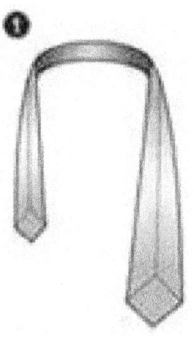 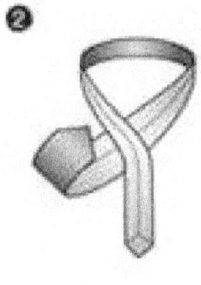 

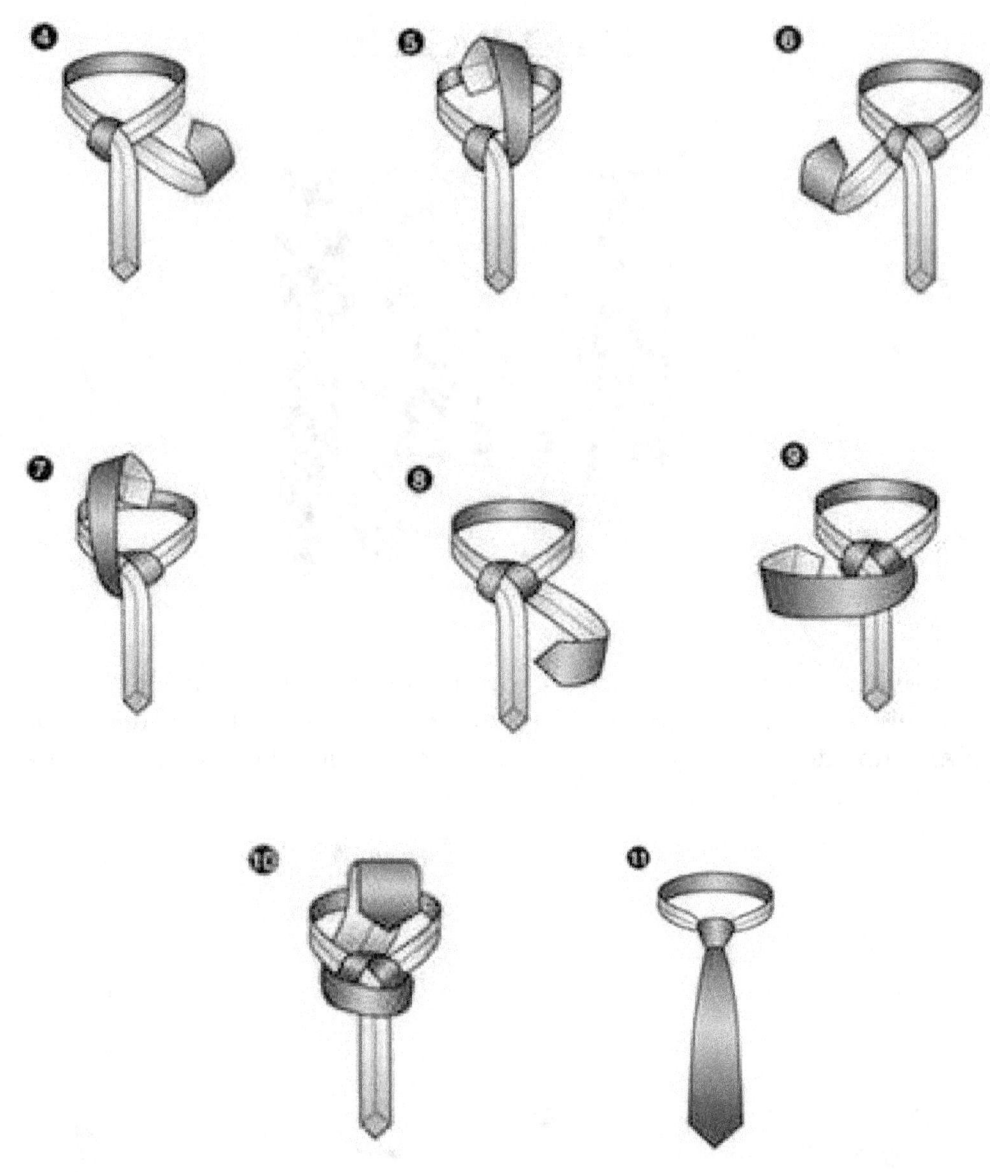

NUDO PRATT

Es un nudo que puede utilizarse en distintas ocasiones, este nudo es elegante y de tamaño medio. Se puede utilizar con cualquier tipo de camisas e idealmente para corbatas más anchas de tejido liviano y medio. Y su principal característica es discreto.

- Estética - ☆☆☆☆
- Dificultad - ☆☆☆

 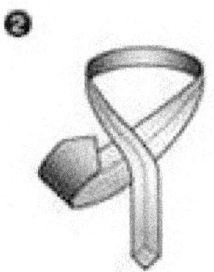 

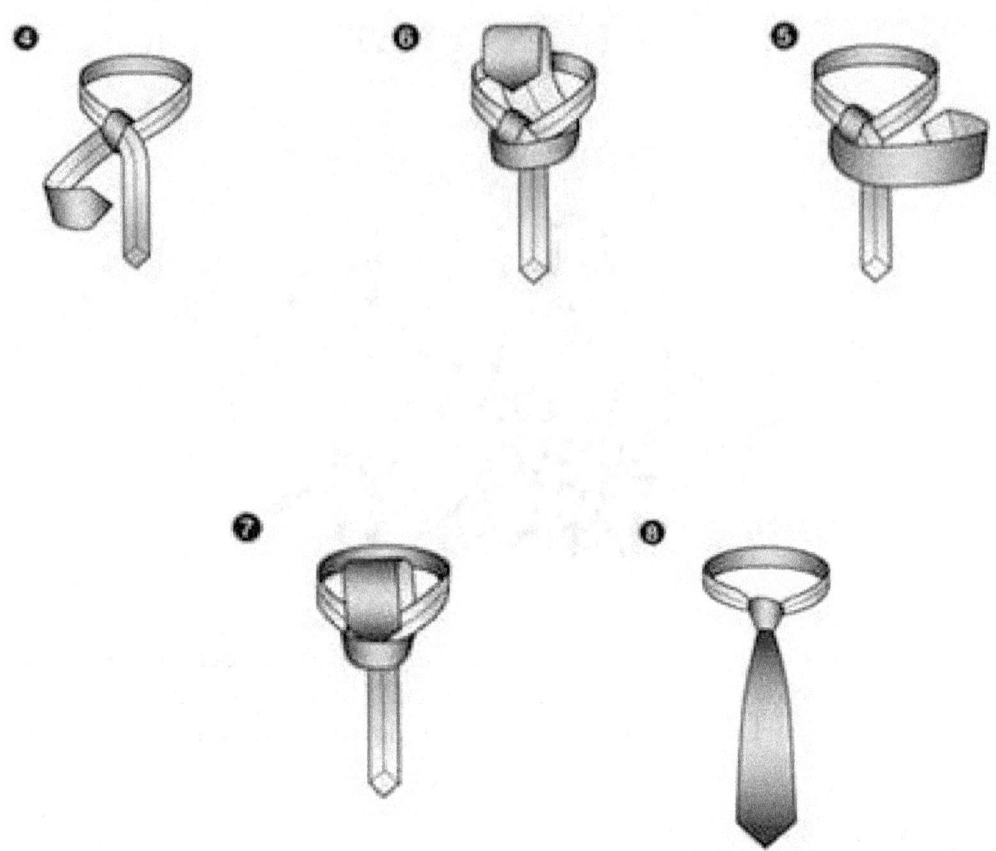

NUDO HANNOVER

Con este nudo serás un verdadero caballero, se caracteriza por ser grande y simétrico. Es el más adecuado para cuellos anchos, se debe utilizar en corbatas largas y estrechas, porque es un nudo de gran tamaño. de preferencia se recomienda su uso con corbata oscuras.

- Estética - ☆☆☆☆
- Dificultad - ☆☆☆☆

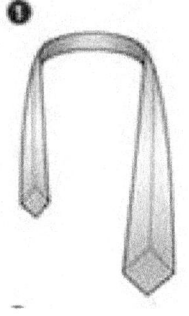
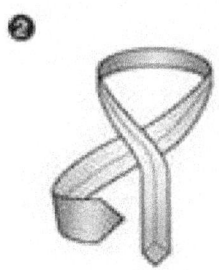
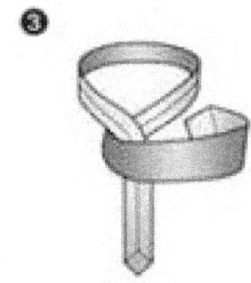

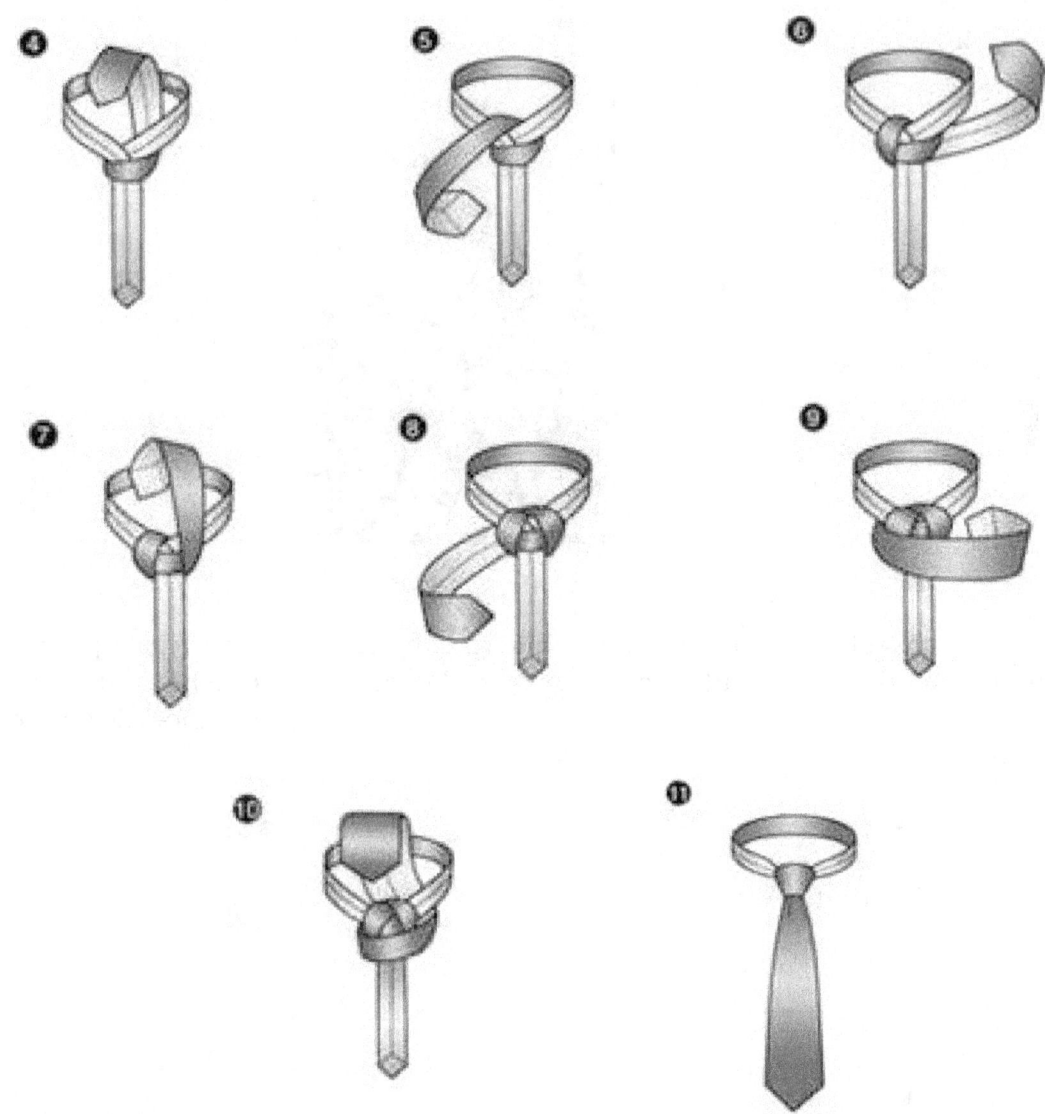

NUDO CHRISTENSEN

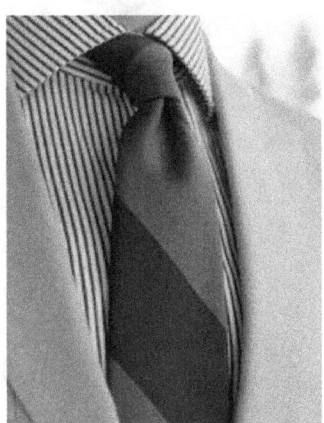

Se trata de un nudo alargado, estrecho y asimétrico que va perfecto con camisas de cuello estrecho. Es formal, pero con un toque moderno. Va bien con cualquier diseño de corbata, y es lo suficientemente versátil para usarlo tanto en eventos formales como sociales.

- Estética - ☆☆☆☆
- Dificultad - ☆☆☆

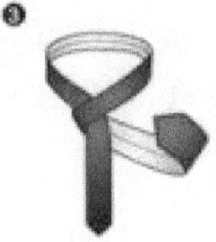

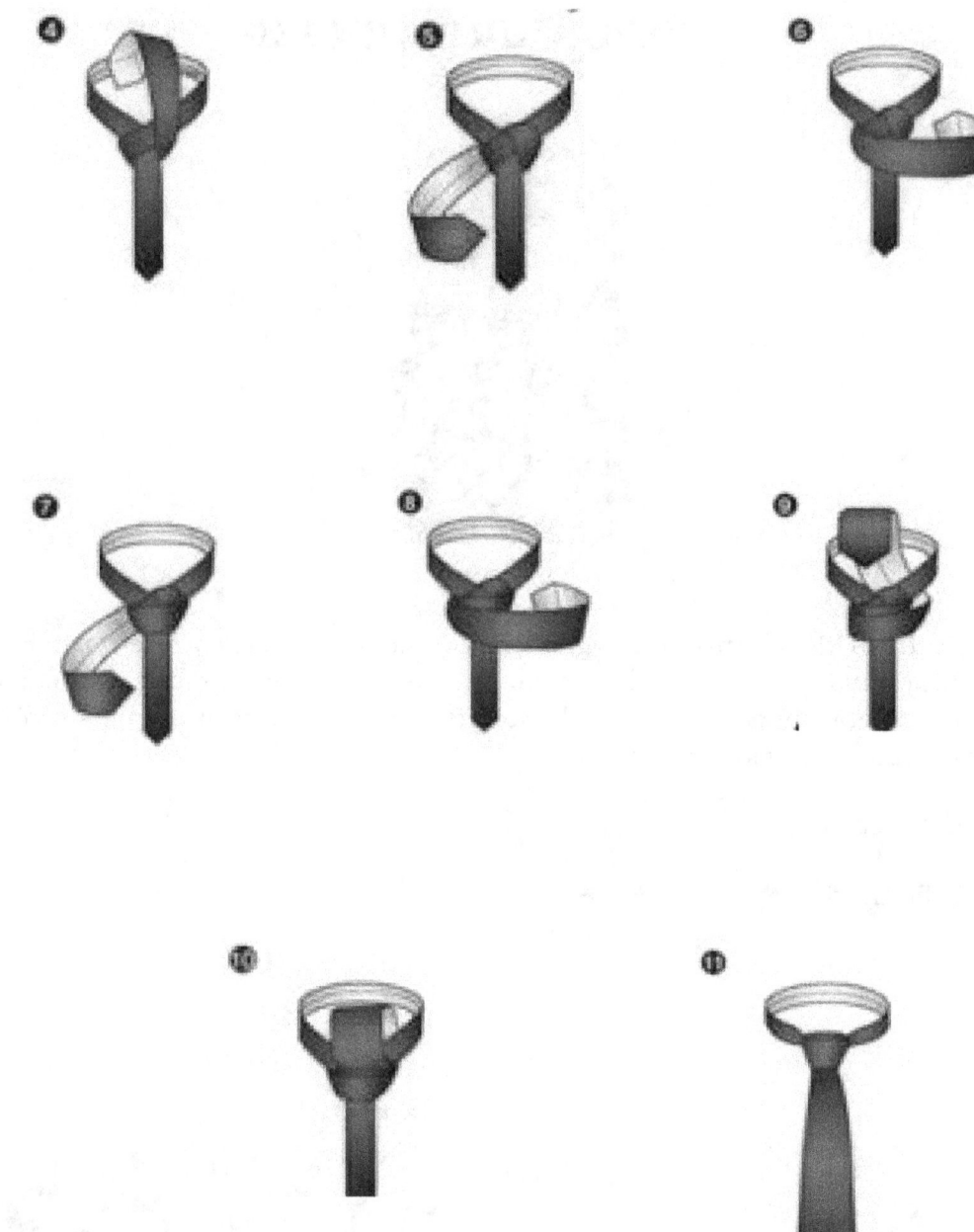

CORBATA DE MOÑO

La corbata de moño o también llamada corbata de lazo, corbatín, moñita, moño, pajarita o humita la pueden usar tanto hombres como mujeres pasando a ser accesorio fundamental para la vestimenta elegante, como es el uso de Frac y esmoquin. Se trata de una cinta de tela amarrada en el contorno del cuello de manera simétrica, de tal manera que los extremos opuestos forman dos lazos. En la actualidad están disponible las corbatas de lazo ya atadas con una cinta al alrededor del cuello que se une con un clip.

- Estética - ☆☆☆☆☆
- Dificultad - ☆☆☆

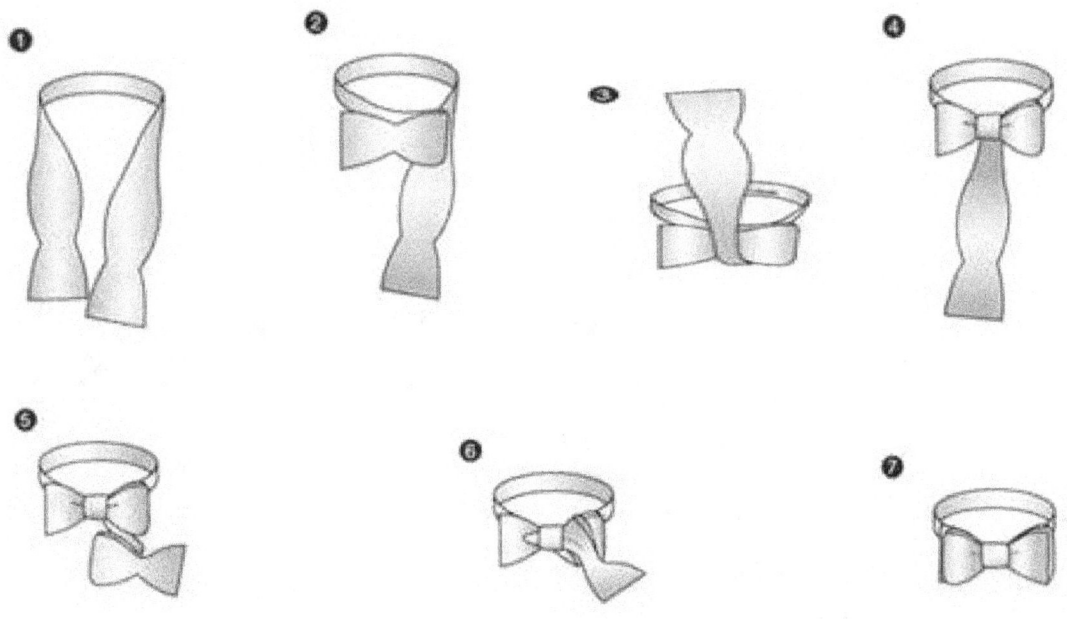